Lena

Für dich und dein Herz

Ein Kristallkind erzählt

Lena

Für Dich & Dein Herz

Geh Deinen Weg

SILBERSCHNUR VERLAG

Anmerkung des Lektorates:
Das oberste Gebot jeden Lektorates ist es, sich in den Stil des Autors einzufühlen und bei allen Änderungen darauf zu achten, dass dessen persönliche Handschrift nicht verloren geht. Zudem verlangt gerade dieses Buch von einer Autorin, die uneingeschränkt ihre Authentizität lebt, danach, nicht an gängige Standards angepasst zu werden.
Daher haben wir uns dazu entschieden, auch einige umgangssprachliche oder wenig geläufige Begriffe im Text zu belassen, und hoffen, damit in Ihrem Sinne gehandelt zu haben.

MIX
Papier aus verantwortungsvollen Quellen
FSC® C014138

ISBN 978-3-89845-429-2

1. Auflage 2014 2. Auflage 2015 3. Auflage 2018

Gestaltung & Satz: XPresentation, Güllesheim
Umschlaggestaltung: XPresentation, Güllesheim; unter Verwendung eines Motivs von © Omela, www.fotolia.de und von © argus, www.shutterstock.com
Druck: Finidr, s.r.o. Cesky Tesin

Verlag »Die Silberschnur« GmbH · Steinstraße 1 · D-56593 Güllesheim
www.silberschnur.de · E-Mail: info@silberschnur.de

Inhalt

Einstimmung

Hallo, lieber Leser! ☺ Es freut mich sehr, dass du dieses Buch jetzt in der Hand hältst. Ich möchte dir und deinem Herzen Liebe schenken durch dieses Buch, und ich freue mich über jede Person und jedes Herz, die das empfangen wollen. ☺

Ich habe in diesem Leben den Namen Lena gewählt und mit 19 Jahren mein Herz entdeckt – ich habe entdeckt, wer ich bin und woher ich komme. Von diesem Moment an wusste ich, dass ich nur noch ehrlich zu mir sein kann und meinem Herzen wirklich folgen will. Ich entschied mich, glücklich zu sein, und begab mich auf ein großes Abenteuer.

In den vergangenen sieben Jahren lernte ich mein Herz kennen, mein Wesen, meine Wünsche, die Welt, die Menschen, die Gefühle, die Engel und so weiter. Und das Größte, was ich kennenlernte, war mein Herz. Ich entdeckte diese große Liebe in mir, diese Liebe, die mir alles sagt, die mir alles erklärt, die mir immer den Weg zeigt. Es war ein Riesengeschenk, mein Herz zu fühlen, es zu hören, und ich entschied mich, ihm zu folgen. Denn ich wusste und merkte sehr schnell: Wenn ich seinem Rat folge, bin ich einfach glücklich, bin ich einfach zufrieden.

Dieses Glück und diese Freude darüber, dass ich mein Herz gefunden habe und dass ich den Mut hatte und immer wieder habe, ihm bedingungslos zu folgen, möchte ich heute mit dir teilen. Es ist einer meiner größten Wünsche, dass die Menschen ihr Herz finden, ihm folgen und einfach glücklich sind – weil es einfach sooo unglaublich schön ist.

Dafür habe ich dieses Buch geschrieben: für dich und dein Herz! ☺

Das Herz

Was ist das Herz?

Bevor ich dir erzähle, wie du dein Herz heilen und ihm folgen kannst, möchte ich dir gerne zuerst erzählen, was das Herz ist oder was ich unter »Herz« verstehe. Also ich spreche hier nicht vom rein physischen Herzen, nicht von der Blutpumpe unseres Körpers. Ich meine das Herz, das direkt mit deiner Seele verbunden ist und mit dem Kosmos. Es ist die Quelle der

Liebe. Es ist unsere Liebesquelle, unser größtes Potenzial und unsere größte Kraft.

Ich spreche von einem heiligen Raum, der sich in unserem Brustkorb befindet. Wie genau er mit unserem Herzchakra und unserem physischen Herzen verbunden ist, weiß ich nicht, das ist aber auch gar nicht so wichtig. Es ist einfach ein heiliger Ort, schon fast ein Universum, in dem alles über dich gespeichert ist. Dort stehen alle deine Seelenverträge, alles, was du erlebt hast in diesem und in früheren Leben, dein Lebensplan. Dort steht alles, was dir guttut, was dich unterstützt, was du lernen und erfahren möchtest. Im Herzen ist auch all unser Wissen gespeichert. Alles, was wir erlebt haben in allen Inkarnationen, alle Seelenverträge stehen dort drin. Im Herzen steht auch unser Lebensweg – also besser gesagt: Unser Herz ist der Kompass für unseren Lebensweg, denn es weiß immer den besten nächsten Schritt für dich.

Vom Herzen her bist du mit dem gesamten Universum verbunden, und es ist eine Quelle der Liebe. Deine Mitte befindet sich in deinem Herzen. Du kannst dich dorthin zu jeder Zeit zurückziehen und dich einfach wohlfühlen. Im Herzen findest du Geborgenheit.

Wenn du dein Herz öffnest beziehungsweise es ihm erlaubst, sich zu öffnen, kannst du fühlen, wie die Liebe durch dich fließt. Wie wenn man einen Wasserhahn öffnet oder wie ein sprudelnder Bach kann die Liebe dann durch dich fließen.

Das Herz ist ganz liebevoll und ganz sanft. Es zwingt dich zu nichts und befiehlt dir auch nichts. Es spricht leise, sanft, voller Liebe und voller Freude. Es erklärt nicht lange, sondern sagt einfach, wie es ist. Das Herz hat eine weiche, sanfte, leise Stimme und spricht wie eine weise, liebevolle, verspielte Person mit dir. Und in der Tat ist das Herz sehr weise, es weiß alles und hat auf alles eine Antwort. Ich war schon sehr oft und bin immer wieder verblüfft, was es alles weiß und was für super Ideen es hat. Oft gefällt unserem Kopf die Antwort des Herzens nicht, aber sie macht uns glücklich. Der Kopf ist zwar sehr nützlich beim Planen, aber wenn man nur auf ihn hört, macht er uns meistens Stress ... Hihi. Dein Herz aber liebt dich bedingungslos. Und genauso klar und bedingungslos spricht es mit dir und zeigt dir deinen Weg.

Im Herzen wohnt die Freude. Da unser Herz uns, unsere Seele so gut kennt, weiß es gaaanz genau, was uns glücklich macht – und zwar uns als Wesen, uns als Seele. Das Herz interessiert sich für dein größtes Glück und dein bestes Wohl. Ihm liegt das Wohl deiner Seele, das Wachstum deines Wesens, die Erfüllung deines göttlichen Plans »am Herzen«. ☺ Das Herz kümmert sich nicht um Gesellschaftsnormen, um weltliche Gesetze, um Benimmregeln, um »Man-soll-dochs« oder »Man-macht-dochs«. Das Herz ist sehr leicht, schwebend, unbekümmert, frei ...

Wenn wir dem Herzen nicht zuhören, wird es meist traurig – und dann wird dein Leben auch traurig, öde, langweilig und die Lebensfreude bleibt weg. Wenn du deinem Herzen nicht folgst, was ja leider noch die meisten tun, wird dein Leben mechanisch, du hast wenig zu lachen, wenig Energie, bist oft müde und ausgelaugt. Oftmals verschließt sich das Herz auch aufgrund von ungeheilten Verletzungen. Das kann dazu führen, dass man sich allein fühlt, mit keinem Menschen mehr etwas zu tun haben will oder dass man sich sogar nicht mehr verlieben kann. Verborgen im Herzen liegt aber immer noch unsere Liebesfähigkeit. Wenn wir es wieder öffnen und uns dann in eine Person verlieben, fließt Liebe durch uns hindurch und ein Lächeln zaubert sich auf unser Gesicht. Wenn wir das Herz fragen, was es tun will, wird es uns das verraten, was uns guttut. Was uns glücklich macht. Was uns zum Lächeln bringt.

Wir können das Herz umarmen, und das Herz umarmt auch uns sehr gerne – das tut sehr gut. Wir können ihm auch Küsschen geben, das mag es. ☺ Oder wir streicheln es – entweder stellt man sich das geistig vor oder man fährt wirklich sanft mit der Hand über den Brustkorb. ☺

- ♥ Viele Herzen mögen Rosa. Denn Rosa strahlt viel Liebe aus.
- ♥ Dein Herz liebt dich. Dein Herz liebt dich über alles. ☺
- ♥ Das Herz liebt Musik.
- ♥ Das Herz liebt die Natur und die Tiere.
- ♥ Das Herz liebt die Menschen.
- ♥ Das Herz will so sein, wie du eben bist.

- Das Herz mag die Liebe und ist sehr gerne verliebt. ☺
- Das Herz mag Blumen. Rosen sind Herzöffner.
- Das Herz mag es, sehr einfach zu sein ... und nix zu tun. Einfach atmen, das mag es sehr.
- Das Herz liebt Kinder und ist selbst sehr kindlich.
- Es ist sehr weise und sehr lebensfroh.

Das Herz liebt es, sich auszudrücken, sei es durch Tanzen, Schreiben, Malen, Singen, Musik machen … Es scheint, als ob das Herz ständig am Singen ist. Hörst du deine Herzmelodie? Es ist, als ob das Herz ständig tanzt und rumhüpft ... sanft, locker und vergnügt.

Das Herz leidet leider oft, weil wir ihm zu wenig Aufmerksamkeit schenken, weil wir es nicht ernst nehmen, weil wir ihm nicht zuhören und ihm nicht folgen.

Und dann bleiben die Liebe und die Freude weg im Leben. Wir versuchen dann, uns die Freude und die Liebe von außen zu holen oder sie zu stehlen mit Süchten und anderem … statt uns einfach an unsere eigene Liebesquelle zu erinnern! ☺ Wir können jederzeit aus unserer eigenen Quelle trinken, frei und vergnügt. Denn das Herz ist immer für uns da.

Dem Herzen folgen

Dem Herzen folgen

Das Herz will immer nur das Beste für uns, es kennt uns, weiß über all unsere Seelenverträge und über unseren Seelenplan Bescheid – und weiß sowieso alles über uns. Es kennt all unsere Inkarnationen auf allen Planeten in allen Universen – und somit können wir ihm voll vertrauen. ☺ Das Herz ist uns gut gesinnt und will nur eines: dass es uns gut geht, dass wir in Freude und in Liebe leben. ☺

Wenn ich also auf mein Herz höre und ihm folge, werde ich glücklich! Das ist einfach so! Wenn du dein Herz als deinen Lehrer, deine Führung, als deinen allerbesten Freund annimmst, bist du einfach glücklich. Das Herz sagt dir aber nicht einfach so, was du tun sollst, nein, dafür liebt es dich zu sehr. Das Herz achtet dich in deinem Sein, in deinem Tun und auch in deinem Willen und in deinem Rhythmus. Aber wenn du dich traust und dein Herz fragst, wenn du dich wieder mit deinem Herzen verbindest, wird es dir verraten, wie du glücklich werden kannst. Das ist so wunderschön. ☺

Der erste Schritt ist also, dein Herz zu fragen ... dich für dein Herz zu öffnen, dein Herz zu umarmen und zu fragen: Was willst du? Was ist jetzt wichtig für mich? Oder was ist mein nächster Schritt? Und sei ganz offen für die Antwort. Manchmal antwortet es sofort, manchmal nach ein paar Tagen, manchmal antwortet das Herz auch in Bildern, in Gefühlen oder in Worten, das ist ganz individuell. Versuch es! Frage dein Herz! ☺

Mit dem Herz sprechen

Wie spricht das Herz?

Das Herz kennt mehrere Wege, um mit dir zu kommunizieren. Manchmal redet es im Schlaf mit dir oder sendet dir Botschaften über deine Träume. Manchmal sind es auch andere Menschen, die dich immer wieder auf das Gleiche ansprechen, dann weißt du auch Bescheid. Das Herz sendet dir immer Zeichen – sei es in Form von Menschen, Zahlen, Bildern ... Es gibt sooo viele Möglichkeiten. Wenn du ein bisschen aufmerksam bist und Dinge siehst, die sich wiederholen, die dich zum Nachdenken bringen, dann könnte es eine Botschaft vom Herzen sein. Es kann auch in Form von deinen eigenen Gedanken mit dir reden oder über Emotionen. Oft kommuniziert es mit dir auch über Wünsche und Sehnsüchte – die meisten Wünsche und Träume, die wir haben, sind meist Wegweiser, die vom Herzen kommen. Auch tiefe Sehnsüchte sind oft Dinge, die das Herz, deine Seele erleben möchte.

Probiere die Kommunikation mit deinem Herzen einfach ein bisschen aus. ☺ Oftmals hört man das Herz ganz gut, wenn man in der Natur ist, wenn man sich entspannt, in der Badewanne oder am Strand liegt.

Wie kann ich mit ihm sprechen?

Mit dem Herzen zu reden ist ganz einfach. Nimm dir eine Weile Zeit, setze dich bequem hin und lege eine Hand auf dein Herz. Dann atme tief ein in dein Herz ... ein ... und aus ... ein ... und aus ... und fühle dein Herz. Fühle es, und atme weiter in dein Herz. Und nach einer Weile fängst du einfach an, mit ihm zu reden. Erzähle deinem Herzen etwas. Was hast du heute erlebt? Gibt es etwas, das dich bedrückt? Du kannst dem Herzen alles sagen. Erzähle ihm alles, was dir gerade in den Sinn kommt. Wenn du eine Weile erzählt hast, frage es, ob es etwas sagen will, ob es auch etwas erzählen möchte – und dann höre ihm einfach zu und öffne dich, egal wie es spricht oder was es dir zeigt, da gibt es mehrere Wege.

Wie ist es, dem Herzen zu folgen?

Kurz geantwortet: Es ist einfach wunderschön, harmonisch, friedlich und total erfüllend und bringt dir ein Leben in Freude und Liebe und Fülle. Aber da sich jetzt vielleicht nicht alle etwas darunter vorstellen können, erkläre ich es noch genauer.

Dem Herzen zu folgen heißt für mich, das zu tun, was ich in mir fühle. Das zu tun, wozu ich gerade Lust habe, was sich leicht, einfach und fröhlich anfühlt und oft genug verrückt klingt. Das zu tun, was dir ein Lachen ins Gesicht zaubert – und oft bedeutet es auch, das zu tun, wozu der Kopf oder die Allgemeinheit sagt: »Das kannst du doch nicht machen!

Das macht man doch nicht! Du bist doch viel zu alt dafür!«

Um es noch besser zu erklären, erzähle ich dir im nächsten Kapitel zum Vergleich, wie es ist, dem Kopf zu folgen und den allgemeinen Mustern.

Das Roboterleben

Man muss sich vielleicht erst mal anschauen, wie wir unser Leben im Allgemeinen gestalten, um zu sehen, wo der Unterschied liegt – wenn ich es einmal ohne und einmal mit dem oder aus dem Herzen heraus angehe.

Schauen wir uns jetzt also mal ein normales Leben an, sagen wir zum Beispiel den Max, der sein Herz noch nicht entdeckt hat. Er geht in die Schule, weil es die Eltern gesagt haben und weil das alle so machen. In der Schule lernt er das, was der Lehrer ihm sagt, weil das so sein soll und weil das alle so machen. In seiner Freizeit wird er dann gefragt: »Willst du lieber Fußball spielen oder Eishockey?« Und er entscheidet sich für Fußball, weil das auch alle anderen spielen. Nach der Schule kriegt er eine Auswahl an

Jobs angeboten, vielleicht zehn, wenn er Glück hat 20, von denen er einen »auswählen« kann. Meist »wählt« er einen Beruf, weil er angesehen ist, weil er auf dem Gebiet gute Noten hatte oder weil der Vater das Gleiche auch schon macht. Max lernt den Beruf und übt ihn aus – ohne sich je zu fragen: »Was will ich denn?« Die Frage bei der Berufswahl ist eher: »Was kann ich, was bringt mir Geld?« Wenn er dann noch mehr auf die Allgemeinheit hört, geht er noch in den Militärdienst, wo er zu einer Nummer gemacht und wie ein Gegenstand behandelt wird. Er geht da natürlich hin, denn alle Kollegen prahlen damit und alle Männer erzählen mit stolz geschwellter Brust, was sie dort alles erlebt haben, man wird ja schließlich erst dann zu einem Mann, wenn man ... und ähnliches Blabla.

Jeden Tag hat Max den gleichen Rhythmus: Er steht auf, trinkt einen Kaffee, da er ohne ihn gar nicht aufstehen könnte, weil ihm sein Leben nicht wirklich gefällt. Jeden Tag um die gleiche Zeit macht er Feierabend, und die Abende laufen auch immer sehr ähnlich ab. Irgendwann findet er dann noch eine Frau, die vielleicht genauso aussieht, wie er sich das wünscht, oder ein tolles Auto oder sonst etwas hat, das ihm gefällt. Dann kommen noch ein Auto, ein Haus, Kinder – da man ja Kinder hat. Man arbeitet weiter, macht Karriere, versucht, möglichst viel zu erreichen, möglichst immer die neuesten Sachen zu haben, möglichst trendy, nett, reich, hübsch, erfolgreich und so weiter zu sein. Und man ist möglichst immer beschäftigt mit Fernsehen schauen, Zeitung lesen, im Internet surfen – man ist schließlich immer informiert und up to date. So, dann wird man pensioniert, und wenn man Glück hat, rebelliert der Körper nicht allzu viel und die Gesundheit macht mehr oder weniger mit. Ja, dann ist man pensioniert, hat Zeit, nicht mehr so viel Geld und denkt: »So, jetzt hab ich's geschafft, *jetzt* kann ich glücklich sein.« Wenn ich ältere Leute anschaue, sehe ich jedoch: Der Plan geht nicht auf. Ich sehe viele kranke, gestresste und unglückliche ältere Leute.

So sehe ich ein »allgemeines« Leben, das seeehr viele Menschen genau in dieser Reihenfolge leben. Vielleicht mit ein paar Änderungen hier und da, mal eine Reise oder sonst etwas, aber im Großen und Ganzen ist es doch meistens das gleiche Muster. Ich nenne das ein Leben, das man von uns erwartet, oder ein Leben, wie es alle »leben« – ein Leben, »wie man es macht«. Es ist aber ein eingeengtes Leben in Strukturen, vom Kopf und von Mustern gesteuert, ein langweiliges Leben und vor allem ein totes Leben – nicht selbstbestimmt, sondern irgendwie gesteuert von außen. Es ist schlicht und einfach nicht lebendig, es ist wie ein Viereck, wie ein Kasten, ein Gitter, das dich einengt, das dich einsperrt.

Wenn man das alles so liest, könnte man fast meinen, es sei das Leben eines Roboters. Jeden Tag wacht er um die gleiche Zeit auf, isst das Gleiche zum Frühstück ... und so weiter. Er macht jede Woche das Gleiche, Jahr ein, Jahr aus. Mal hat er mehr Geld, mal weniger, mal kauft er wieder etwas Neues und so weiter. Doch eines wurde vergessen in diesem Leben: nämlich dass wir keine Roboter sind! Wir passen nicht in eine viereckige Kiste. Wir sind lebendige, lebenswillige, fröhliche, bewegliche, lachende Menschen – von Natur aus. Wir sind leicht, lebendig, spontan, wir sind Fluss und Veränderung. Nur leider sind diese Menschen selten geworden ... Doch einen sturen, sich immer wiederholenden Rhythmus zu haben, liegt nicht in unserer Natur. Und was vor allem vergessen wurde, ist das Herz. Das Herz, das unser Lebensmittelpunkt ist – nicht nur physisch. Das Herz, das unsere Wünsche und Träume kennt. Das Herz, das genau weiß, was wir brauchen, was uns guttut und was uns glücklich macht.

Also, falls du gerade merkst, dass du ein Roboterleben führst, wie das ja die meisten Menschen tun, und falls du es ändern möchtest, bist du hier genau richtig. Und das Ändern fängt schon damit an, dass du dich fragst: Moment mal, habe ich mich bei all den Entscheidungen, die mein Leben betreffen, auch mal selbst gefragt? Habe wirklich ich entschieden, was ich mache oder was ich ausübe? Kamen diese Entscheidungen von innen, von meinem Herzen? Oder kamen sie von außen? Waren es Verstandesentscheidungen? Weil man das eben so macht – oder weil der Vater, die Mutter, der Lehrer, die Tante das so von mir erwartet haben?

Du musst nicht gleich jetzt eine Antwort darauf finden, aber versuch mal, zu fragen oder zu hinterfühlen, ob du das wirklich tief aus deiner Mitte, mit voller Liebe für dich, mit voller Überzeugung entschieden hast – mit dem Ziel, dich glücklich zu machen, dich selbst zu leben, deine Träume zu verwirklichen. Oder war es eine »Zwischenlösung« oder ein »Man-muss-ja-Kompromisse-Machen«? War es eine Ausredeentscheidung nach dem Motto »Man kann ja nicht alles haben"? Oder hast du gedacht »Man muss eben kämpfen im Leben«? Oder hat Unsinn in deinem Kopf rumgespukt wie: »Träume kann man sich eh nicht erfüllen ...« / »Davon kann ich ja nicht leben!« / »Man muss eben mal unten anfangen ...« Oder ein Klassiker: »Na ja, ich muss ja mal erwachsen werden und etwas Vernünftiges machen!" Haha – ja, unglücklich werden ist seeehr vernünftig.

Das Leben nach dem Herzen

So, da ich erklärt habe, wie ich das sehe, wie die meisten Menschen leben und wie sie ihre Entscheidungen fällen, erzähle ich euch jetzt, wie es aussehen kann, wenn Max seinem Herzen folgt ... Hihi. Jetzt müsst ihr vielleicht lachen, aber das ist gar nicht so einfach zu beschreiben. Es gibt im Leben nach dem Herzen nämlich keine Regelmäßigkeit, keinen Rhythmus, nichts Konstantes oder Geradliniges, an dem man das erklären oder aufzeigen könnte.

Sagen wir, Max kommt aus der Schule, fühlt sein Herz, verliebt sich sofort und total in es und will nur noch seinem Herzen folgen. Er ist sich sicher, dass er nur noch mit und nach seinem Herzen leben will, einfach weil es so schön ist. Ja, wie sieht dann sein Leben aus? Fröhlich, bunt, abwechslungsreich, spannend, lebendig und immer wieder neu und gaaanz anders, als sich das alle vorstellen.

Das heißt, er fragt sich: Was will ich denn für einen Beruf ausüben? Er geht die 20 Jobangebote durch, aber irgendwie passt keiner der Jobs so richtig. So zwei oder drei könnten ein bisschen passen oder man könnte es schon mal versuchen, aber es ist irgendwie nur lauwarm. Und Max weiß: Wenn etwas passt, dann passt es. Wenn das Herz das will, dann sagt es einfach ja ... Und dann ist es klar und nicht so wischiwaschi oder ein Vielleicht oder ein Eventuell. Also nimmt er all seinen Mut zusammen und fragt sein Herz: »Hi, was willst du denn arbeiten?« Und das Herz antwortet liebevoll: »Arbeiten? Ich will doch nicht arbeiten!« Na ja, erst ist Max mal geschockt, weil er mit dieser Antwort nicht gerechnet hat. Das ist sowieso meistens so, dass wir oder der Verstand überhaupt nicht mit der Herzensaussage gerechnet haben ... Haha, das Herz rechnet eben nicht ... Hihi. ☺

Na ja, Max hatte eigentlich gehofft, dass das Herz ihm Klarheit schenkt und ihm die Entscheidung einfacher macht, aber das hat es gerade nicht. Im Gegenteil, die Antwort des Herzens hat ihn nur noch mehr verwirrt. Ja, da wäre es doch irgendwie leichter, einfach dem Mainstream zu folgen und sich für irgendetwas zu entscheiden, ist ja egal. Doch die Aussage des Herzens war sehr deutlich und sehr klar: »Ich will nicht arbeiten!« Nur passt sie überhaupt nicht in unser Schema, denn es arbeitet ja schließlich jeder, und man braucht Geld zum Überleben ... Das und weiteres Blabla schwirrt Max im Kopf herum.

Meistens tun wir dann das Herz ab und sagen: »Ach, das Herz hat doch sowieso keine Ahnung. Wie soll das denn gehen?« Doch anstatt es abzutun und zum Schweigen zu bringen, kann man ja das Herz einfach zu seinem Lehrer machen oder zu seinem Wegweiser. Das hat Max dann auch entschieden, denn es ist einfach sooo schön, seinem Herzen zu folgen. Und er fragt das Herz: »Wie – nicht arbeiten? Wie soll das denn gehen?" Und ... was sagt das Herz? Nix. Oftmals sagt es dann nichts. Wieso denn auch? Die Fragen interessieren das Herz nicht, und wenn es nichts dazu sagt, musst du dazu auch nichts wissen. Es können allerdings auch Antworten kommen wie: »Folge mir!« Oder: »Mal mal ein bisschen!« Und Max denkt sich: ›Na toll, ich soll einen Beruf auswählen – und meinem Herzen fällt nichts Besseres ein als zu malen. Super.‹

Und wieder denkt Max in solchen Situationen, dass das Herz keine Ahnung hat – aber er ist gleichzeitig auch neugierig. Denn er hat von irgendwoher gehört, dass das Herz alles weiß und sehr weise ist. Also denkt er: ›Na gut, ich kann es ja mal ausprobieren, schaden kann es nicht.‹ Er nimmt Malzeug hervor und malt wild drauflos.

Jetzt denken sicher einige, dass Max intuitiv seinen Lieblingsberuf malte – und schwups war alles klar. Nein, das Herz liebt es einfach, zu spielen und vor allem den Verstand lahmzulegen, weil der sowieso viel zu viel arbeitet, der darf auch mal Ferien haben. Das Herz will uns leiten und führen – zu uns selbst, zu unserer Seele, in unser Glück. Aber nicht geradlinig, sondern in schönen weichen Kurven und Wellen.

Max malt einfach. Irgendetwas. Vielleicht schön, bunt, wild, ruhig … Er malt und er ist irgendwie zufrieden, da ist einfach so eine Ruhe in ihm. Nach zwei Stunden hat er genug gemalt, fühlt sich gut, aber dann kommen schon wieder Gedanken hoch à la: »Ja, und jetzt? Was hat mir das Malen gebracht? Welchen Beruf will ich jetzt ausüben? Das hat doch alles nichts gebracht – und das Herz weiß auch nicht Bescheid …« Doch

Max hört nicht auf die schnippischen Gedanken. Das Malen hat ihm gefallen, er fühlt sich irgendwie gut und in Harmonie und er vertraut weiterhin auf sein Herz. Ja, so könnte ich die Geschichte von Max, der seinem Herzen folgt, ewig weitererzählen ...

Zwei Tage später fragt er sein Herz, denn er vertraut ihm jetzt einfach: »Was willst du denn, wenn du nicht arbeiten willst?« Und dann sagt das Herz: »Ich will glücklich sein! Ich will strahlen!« Es sagt etwas Schönes, das einem ein Lächeln ins Gesicht zaubert. Und in Max' Kopf kommt der Gedanke auf: »Das ist doch nicht konkret! Was soll das denn?« Er will eine konkrete Antwort, mit der er gefälligst etwas anfangen kann. Hahaha! Die wird er vom Herzen wohl nicht kriegen. Das Herz antwortet meistens so, dass wir es in dem Moment, in dem wir fragen, nicht verstehen; es ist unlogisch, unfassbar, komisch. Aber es fühlt sich immer gut an, irgendwie frei, offen, und oft löst es auch Ängste in uns aus, so dass wir denken: ›Das kann ich nicht – und das geht doch nicht!‹ Doch, doch, das geht. Und das kann das Herz.

Ja, und so geht Max einfach Schritt für Schritt sein Leben. Einfach im Moment, denn das Herz interessiert sich nicht für die Zukunft und auch nicht für die Vergangenheit, nicht für Logik und nicht für Erwartungen. Das Herz lebt, und es lebt im Jetzt. Mal will das Herz malen, dann springen, dann einfach nichts tun, dann warten und irgendwann (wenn eben der passende Moment dafür da ist) will es reisen oder etwas schreiben. Und vielleicht erst so zwei Jahre später merkt Max plötzlich, wieso er etwas damals gemacht hat und was ihm das heute bringt.

Du siehst, das Leben nach dem Herzen ist irgendwie nicht fassbar, irgendwie nicht greifbar oder erklärbar – aber wunderbar und schön. Am besten du probierst es einfach selbst aus. Wenn du jetzt Lust auf mehr davon hast, trau dich, mach es einfach. Dein Herz führt dich. Und ich sage dir eins: Du kannst ihm zu 400 Prozent vertrauen. Es ist der beste Führer und Lehrer, den es gibt, auch wenn du seine Lektionen oft nicht oder manchmal erst später verstehst. Mich hat es immer glücklich und zufrieden gemacht, wenn ich meinem Herzen gefolgt bin und meinen Kopf loslassen konnte. ☺ ☺

Was passiert, wenn ich ihm folge?

Okay. Nachdem du jetzt so ungefähr weißt, wie dein Herz mit dir spricht oder wann es dein Herz ist, das mit dir redet, möchte ich dir nun erzählen, wie sich das auswirken kann, wenn du ihm folgst und es lebst. Natürlich braucht es auch ein bisschen Übung, um zu erkennen, was das Herz sagt und wann es mit dir redet und so weiter. Aber das kriegt man mit viel Beobachten gut hin.

Sagen wir also, du hast etwas von deinem Herzen gehört, einen Wunsch, eine Richtung, irgendeinen Schritt, den du jetzt gehen sollst. Das Erste, was dann passiert, sobald du es weißt oder hörst – du fühlst in deinem Brustkorb eine Erleichterung. Es ist, als ob sich eine Schwere löst oder als ob sich dein Herz befreit fühlt. Und es ist so eine freudige, leichte, beschwingte Energie da, oder du fühlst dich einfach so guuut. Es ist ein Frieden in dir fühlbar – vielleicht stark oder vielleicht nur ganz fein, ganz sanft. Falls du so etwas fühlst, fühle in das Gefühl hinein ... Atme in dein Herz und fühle diese Freude. Dein Herz ist dann einfach unheimlich froh, dass du es hörst, und es zeigt dir das mit Glücks- und Friedensgefühlen. ☺ Gehe in diese Gefühle, erlaube ihnen, da zu sein, und genieße diese Freude in vollen Zügen.

Gehe immer wieder in dieses Gefühl und erinnere dich daran. Präge es dir gaaanz fest ein und merke dir, was dein Herz dir gesagt hat. Es kann auch sein, dass so ein Gefühl nur ganz kurz da ist und vielleicht nur für zwei Sekunden aufblitzt. Meistens kommt nach diesem »Aaahhhh! Ja, das möchte ich!« oder einem »Aaahhh! Ja, das will mein Herz!« eben dieses Glücksgefühl oder ein Gefühl der Erleichterung – und je nachdem, wie bewusst du bist, kannst du das Gefühl annehmen und verlängern. Und oft denkst du auch, ›Ja, das will ich – und es ist sooo verrückt!', und du lachst einfach nur noch und bist heiter. Oder du denkst, dass du genau das schon immer haben wolltest, und auch wenn du nicht weißt, wie du es erreichen sollst – du weißt, es wird schon kommen ...

Manchmal schaltet sich allerdings auch gaaanz schnell der Verstand ein, eine Angst, ein Zweifel oder sonst etwas Negatives mit dem Einwand: »Das geht doch nicht! Das kann ich doch nicht machen! Was denken dann die anderen von mir?« Und sobald diese Gedanken aufkommen – die leider meistens kommen, wenn wir tief in unser Herz hören –, kann das Glücksgefühl auch gleich wieder weg sein und man wird eher traurig und verstimmt. Man verbietet sich dann selbst die Freude, und das Herz wird traurig und verschließt sich. Es ist wie bei einem kleinen Kind, das einen meeegaschönen Luftballon sieht und sagt: »Maaamiii! Den will ich haben!« Aber die Mutter erwidert kühl: »Nein, der ist nichts für dich.« So, und in diesem Moment hören die meisten Leute dann wieder auf, auf ihr Herz zu hören, mit ihm zu reden, und glauben lieber an ihre Ängste, an ihre Zweifel und an ihren Verstand. Als ob der es besser wüsste ... Pah! Also ich würde jemandem, der mich einsperren will, der mich nur kontrollieren will und der mich vor allem traurig macht, niemals glauben!

Das Beste ist, wenn du dich aus der Situation rausnimmst und eine Vermittlerrolle einnimmst. Du fängst an, zu vermitteln und zu schlichten zwischen dem Herz und dem Gegner (wer auch immer das ist), und sagst: »So, ich sehe, wir oder ihr seid euch da nicht ganz einig, jetzt finden wir gemeinsam mal eine Lösung. Auch wenn wir alle keine Ahnung haben, wie die Lösung aussehen könnte, wir suchen sie jetzt einfach, wir öffnen uns dafür, wir finden sie und wir entscheiden uns, zusammen glücklich und friedlich zu sein! Okay?«

Der Verstand (ich nehme jetzt mal den Verstand als Stellvertreter für alle Aspekte, die etwas dagegen haben könnten, dass wir in die Freude kommen) ist meist ganz laut und spricht mit starken und eher negativen Emotionen: »Das geht gaaanz sicher nicht!« Meist war es das dann auch schon und er will gar nicht weiterreden, sondern das ganze Verfahren lieber sofort unterbrechen. Das lassen wir aber nicht zu, denn wir wollen ja dem Herzen folgen. Und das geht am besten, wenn wir dem Verstand (oder dem, was da rebelliert) Liebe schicken, ihn in den Arm nehmen und ihm sagen: »Komm, wir schauen es uns mal an und probieren es einfach mal aus.«

Und dann fragen wir das Herz noch einmal: »Was möchtest du?« Irgendwann kommst du dann in die Klarheit oder in die Entscheidung, so dass du sagst: »Ja, das mache ich! Ja, das ist jetzt das Richtige!« Und du hast die Gewissheit und weißt einfach: Jaaa, es stimmt! Mein Herz hat recht. Das will ich wirklich, tief innerlich wünsche ich mir genau das. Und das Gefühl, es zu tun, wird stärker ... Erlaube dir, es gaaanz stark werden zu lassen. Und fühle die Freude dabei ... Fühle die Liebe, diesen Frieden, der in dir entsteht. Du bist nun an dem Punkt, an dem du einfach weißt, dass es richtig ist. Ja, es ist das, was es jetzt zu tun gilt. Es kann sein, dass du immer noch irgendwo Zweifel, Ängste und Unsicherheit fühlst, aber sie sind dann schon leiser geworden. Du fühlst einfach klar: Hier geht's lang. Und egal, was andere darüber sagen, denken, meinen, ... – es ist egal. Ich bin ich, ich fühle das und ich mache das! Jaaaaaaa!!!!

Was geschieht im Außen, wie reagiert mein Umfeld auf meine Entscheidung?

-

-

Es ist schon oft so, dass dich dein Umfeld davon abbringen will. Wenn du aus den bewährten und bekannten Mustern ausbrichst, kommen bei deinen Mitmenschen genau die gleichen Ängste und Zweifel auf, die du gerade erfahren hast – vielleicht sogar noch stärker. Und sie projizieren es dann auf dich und wollen dir ja nur »helfen« … Haha. Sie wollen, dass du wieder schön brav den Mustern, dem Verstand, der Angst folgst, weil sie das ja schließlich auch tun. Sonst müssten sie auch ausbrechen, aber das wäre schließlich anstrengend und dann müsste man sich ja mit sich selbst befassen …

Also: Wenn du dich entschieden hast, deinem Herzen zu folgen: Tu es! Tu es einfach! Das ist der einfachste Weg. Kopf runter, Ziel anpeilen und nur das Ziel anschauen, nur den Wunsch deines Herzens sehen und absolut nur auf das hören, das dein Herz dir zu sagen hat!!! Nicht auf den Partner, nicht auf die Eltern, nicht auf die Nachbarn. Auf den Chef hören solltest du schon gar nicht, auch nicht auf spirituelle Menschen oder Lehrer. Wenn dein Herz etwas anderes sagt, glaube nur ihm! **Nur** ihm! Denn es ist deine Wahrheit, und deine Wahrheit kennst nur DU. Und nur deine Wahrheit weiß, was gut für dich ist. Du bist dein Chef, du bist dein eigener Herr und Meister. Dein Leben gehört nur dir und nur du bestimmst darüber. Es gibt keine Gesetze oder Regeln, die über dir stehen. Du bist ein göttlich-menschliches Schöpferwesen. Du lebst dein Leben für dich, und du bist nur dir selbst gegenüber verantwortlich. Merk dir das gut! ☺

Wenn du anfängst, deinem Herzen zu folgen, berührst du auch etwas in deinen Mitmenschen. Du folgst der Liebe, der Freude – und das strahlt. Es berührt die Menschen um dich. Und je nachdem, welcher Mensch gerade um dich ist, freut er sich total für dich, da er dich sowieso kennt und wahrscheinlich schon lange weiß oder geahnt hat, dass dies das Beste für dich ist. Oder aber er wird durch deine Entscheidung extrem herausgefordert – und damit meine ich, er wird konfrontiert mit seinem Verstand, den Ängsten und Sorgen, die er selbst hat und denen er folgt. Das heißt, diese Menschen sind selbst Sklaven ihrer Ängste – wie die meisten von uns, ich wahrscheinlich auch noch in gewissen Situationen –, weil wir einfach so verzogen worden sind.

So, und wenn du dich selbst befreit hast, dich entschieden hast, deinem Herzen und der Liebe zu folgen, dann kommen in den anderen Menschen ihre Muster hoch. Und das Erste, was die meisten Menschen tun, ist, sie projizieren ihre starken Emotionen auf das Gegenüber. Das heißt, du wirst ganz natürlich/unnatürlich viele »Gegner« haben – Menschen, die dich davon abhalten wollen, dass du deinem Herzen folgst. Es sind nicht wirklich die Menschen selbst, aber sie identifizieren sich mit ihren Gedanken oder Mustern und nehmen es persönlich. »Wenn du das machst, dann sind wir keine Freunde mehr, dann musst du nicht mehr hier arbeiten! Das kannst du doch nicht machen, wie stellst du dir das vor? In deinem Alter?! Vergiss das!« Und so weiter ...

In solchen Momenten ist es ganz wichtig, dich von diesen Menschen zu distanzieren. Sie tun dir dann einfach nicht gut! Du kannst den Kontakt ganz abbrechen, sie eine Weile nicht sehen oder ihnen klar sagen: »Ich will glücklich sein, und das, was ich gerade tue, macht mich glücklich. Wenn dir das nicht passt – hier ist die Tür.« Es ist dein Leben, es gehört nur dir und du hast das Recht, in größter Liebe und in größter Freude zu leben, wenn du das möchtest. Jeder, der dich davon abbringen will, ob bewusst oder unbewusst, unterstützt dich nicht und sollte besser weiter weg sein. Es muss ja nicht für immer sein, du kannst später wieder mit ihm reden, aber gerade am Anfang ist es leichter, sich zu distanzieren von solchen Menschen, damit du dich ganz auf dein Herz konzentrieren kannst und dir niemand reinredet. Das Herz ist heilig!

Dann gibt es natürlich auch Menschen, die dich einfach lieben und dich unterstützen. Oder die einfach nicht herausgefordert werden durch deine Entscheidung, weil sie das vielleicht schon geheilt/befreit haben in sich selbst oder sich nicht an dir festhalten. Das ist dann natürlich sehr schön, und ihre Nähe würde ich suchen. Denn diese Menschen tun dir gut. Es gibt auch Menschen, die schon sehr bewusst sind und wissen, dass, wenn sie einen Schmerz in sich haben, eine Angst fühlen oder herausgefordert werden von ihrem Gegenüber, dann etwas in ihnen heilen will. Die sehen es dann als Chance und sind vielleicht im ersten Moment sauer – oder welche Emotion eben hochkommt. Aber sie übernehmen dann selbst die Verantwortung für ihre Gefühle, setzen sich hin, horchen in sich hinein und schauen sich an, was denn da Heilung will, was denn da in ihnen Liebe und Aufmerksamkeit will. Und sie lösen und heilen es in sich. Vielleicht geht es schnell oder dauert länger, aber danach sind sie wieder offen für dich, sie kommen dann zu dir und sagen: »Danke! ☺ Danke, du hast mir etwas gezeigt, was Heilung brauchte, jetzt ist es geheilt und ich fühle mich viel besser. Ich danke dir, dass du es aus mir herausgekitzelt hast.« Sobald du deinem Herzen folgst, folgst du der Liebe. Du strahlst dann mehr Liebe aus, und Liebe bringt immer Heilung! Immer, immer, immer. Liebe zeigt dir im ersten Moment deine Wunde, deinen Schmerz, dein Thema – aber wenn du die Herausforderung annimmst, kannst du noch viel heiler und glücklicher werden.

Es ist deine Aufgabe als der »Herzfolger« oder derjenige, der mehr Liebe ausstrahlt, das Thema beim anderen zu lassen. Wenn sich jemand herausgefordert fühlt – lass ihn. Lass ihn einfach in seiner Emotion oder in seinem Prozess. Meistens fühlen wir uns dann schuldig oder unwohl, denn wir wollen ja niemanden verletzen. Oder wir fühlen uns verantwortlich für das, was der andere fühlt. Es ist aber nicht unsere Verantwortung, es hat nichts mit uns zu tun, was in einem anderen Menschen abläuft. Das Herz verletzt nicht. Nie! Niemals! Dann heile diese Schuldgefühle in dir und wisse: Du darfst so sein, wie du bist. Der andere ist selbst verantwortlich für alles, was er fühlt. Du darfst du selbst sein. Du darfst so sein, wie du bist.

Viele Menschen hören auf, auf ihr Herz zu hören, weil sie ihren Partner oder ihre Familie nicht verletzen oder nicht verlieren wollen. Aber das ist Blödsinn. Du bietest allen eine Chance, wenn du deinem Herzen folgst, wenn du deinen Weg gehst. Denn wenn du deinem Herzen folgst, haben deine Mitmenschen die Chance, auch ihrem Herzen zu folgen. Sie haben die Chance, sich ebenfalls zu befreien und auch ihrem Herzen zu folgen. Ob sie diese Chance sehen und nutzen oder nicht, das ist ganz allein ihre Entscheidung. Lass sie einfach! Lass sie dort stehen, wo sie stehen! Wenn sie mit dir gehen wollen, kommen sie sowieso. Früher oder später … Manchmal kommen sie innerhalb einer Woche, manchmal dauert es Jahre, bis es jemand versteht. Aber kümmere dich nicht um die anderen. Sieh immer nur dein Ziel … Sieh immer nur, was dein Herz will … und folge nur dem! Höre immer nur auf das!

Du hast noch genug »Kämpfe« und Herausforderungen in dir selbst, da brauchst du sie nicht auch noch von außen. Also schaue genau hin, welche Menschen dir was schicken. Sind sie gerade liebevoll dir gegenüber und unterstützen sie dich? Oder sind sie gerade in der Angst und wollen dich davon abbringen, deinem Herzen zu folgen? Es ist ja nie der Mensch selbst, es sind seine Konzepte, die die Kontrolle behalten wollen – und wenn du ausbrichst, kriegen sie einfach Angst …

Also lass sie ihn Liebe los oder distanziere dich von ihnen und sage klar: »Das ist mein Weg! Das ist mein Leben. Ich tu's, egal was du dazu sagst.« Und dann mach's einfach. Du bist niemandem etwas schuldig, absolut niemandem. Es geht um dich, um dein Glück, um deine Freude, um deine Liebe.

Ich liebe dich, und ich liebe dein Herz!

♥ ♥ ♥ ♥ ♥

Was geschieht genau in meinem Gegenüber, wenn ich meinem Herzen folge?

Das ist eine Frage, die sich viele Leute stellen, und einer der Gründe, warum wir oft nicht dem Herzen folgen, ist der, dass andere etwas anderes von uns erwarten. Wir verbiegen uns, weil wir unseren Partner, unsere Kinder, unsere Eltern, unsere Freunde nicht verletzen wollen. – Liebe verletzt aber nicht, sondern Liebe heilt! ☺ Liebe heilt. Liebe heilt immer.

Jetzt möchte ich ein bisschen genauer erklären, wie das genau funktioniert mit den Mitmenschen, wenn du deinem Herzen folgst. Also, wenn du deinem Herzen folgst, folgst du dir. Du folgst deinem inneren

Kern, deinem Wesen, der genau weiß, was du brauchst. Und wenn du dir folgst, bist du unabhängig von anderen und folgst nicht mehr den Erwartungen und Forderungen der anderen – seien es bewusste oder unbewusste Erwartungen und Forderungen. ☺

Dann kann man sich mal anschauen, wieso jemand eigentlich etwas von dir erwartet. Du bist ja frei und kannst machen, was du willst. Wie kommen Erwartungen zustande? Ganz einfach: Ein Mensch hat etwas Schlimmes erlebt und einen Schmerz dabei erlitten. Da dieser Schmerz so groß war, konnte dieser Mensch ihn nicht heilen oder wusste nicht, wie. Also hat er ihn vergraben, unterdrückt oder irgendwo eingebuddelt. So, und was macht die Liebe? Sie sagt: »Hiii, guck mal, da gibt es noch eine Verletzung! Jetzt bist du alt genug und kannst sie heilen!« Genau, und das tut im ersten Moment weh.

Erwartungen sind also eigentlich nichts anderes als die Forderung: »Zeig mir ja nicht meinen Schmerz! Verhalte dich ja so, dass du mir nicht zu viel Liebe gibst! Berühre nicht meine Wunden!« Das heißt, manche Menschen erwarten von dir, dich so und so zu verhalten. Denn wenn du dich nämlich nicht so verhalten würdest, würde ihr uralter Schmerz hochkommen und sie müssten sich ihm stellen. Und da wir leider zu wenig Bescheid wissen darüber, wie wir solche Schmerzen heilen können, haben wir auch noch Angst davor.

Kurz gesagt, wir tun alles, um nicht an unsere Wunden zu kommen, damit der andere unsere Wunden nicht berührt. Und dies tun wir mit Regeln, mit Verurteilungen, mit Gesetzen, mit Erwartungen und Forderungen. Also höre auf keine Erwartungen, keine Gesetze oder Regeln, die dir andere aufzwängen wollen. Wenn es für dich nicht stimmt, mach es nicht und hilf ihnen. Hilf ihnen, ihre Wunden zu sehen, damit sie eine Chance haben, sich davon zu befreien und sie zu heilen. Denn solche unterdrückten Schmerzen und Ängste, unterdrückte Wut, Trauer oder was auch immer verursacht Energieblockaden in deinem Energiesystem, und die können früher oder später auch auf den physischen Körper übertreten und dort alles Mögliche auslösen. Daher kann jedes physische Symptom, sei es Schmerz, Krankheit oder nur ein Pickel, auch auf etwas Unterdrücktes oder nicht Gesehenes hinweisen. Aber das ist wieder ein anderes großes Thema. ☺

Also sei dir bewusst: Wenn die Menschen um dich herum ausrasten und dich von deinem Weg abhalten wollen, dann bist du richtig! Dann folge weiter deinem Herzen. Und sieh zu, dass du die Menschen liebevoll loslassen kannst. Wenn sie echt gute Freunde sind, werden sie sowieso in deinem Leben bleiben oder zurückkommen. ☺

Wenn du all die Hürden genommen und dich durchgesetzt hast »gegen« alle Verwandten und Bekannten, dann gratuliere ich dir! Super gemacht! Spitze! Dann denkst du oft: »Wow, das hätte ich nicht gedacht, dass mir das so gut gefällt!«

Dein göttlicher Plan

Dein göttlicher Plan

Bevor du auf die Erde kommst, setzt du dich mit deinen Schutzengeln, Beratern, Leuten von deinem Planeten und sonstigen weisen Wesen zusammen und schreibst dir deinen göttlichen oder Lebensplan. Das heißt, du fühlst aus deiner Seele heraus, was du jetzt lernen oder erfahren möchtest, und demnach schreibst du dir mit deinem Schutzengelteam und weiteren weisen Wesen deinen Plan.

Wenn du deinem Plan folgst und das, was du erfahren wolltest, einfach erfährst, wirst du sehr glücklich und erfüllt, denn dann bist du dir, deinem Wesen, deiner Seele sehr nahe – und das ist einfach wunderschön. Du bist dir dann einfach selbst treu, dir selbst, deiner Seele, deinem Wesen. Denn was uns oft schmerzt, ist, dass wir uns getrennt oder alleine fühlen, weil wir nicht dem Herzen, der Seele folgen und uns somit von uns selbst abtrennen. Dabei ist unsere Seele, unsere wahre Essenz immer da. Oft sind wir aber wütend auf sie, dass sie uns hierhergebracht hat oder dass sie dies oder jenes jetzt erfahren will. Und diese Wut trennt uns von unserer Essenz.

In so einem Fall kann man die Seele einfach fragen, wieso sie sich das ausgesucht hat, wieso sie auf die Erde kommen wollte – und dann öffnest du dich für deine Wut, um sie gehen zu lassen und dich wieder mit deinem Wesen, mit deiner Seele zu verbinden. Du solltest dir auch selbst verzeihen, dass du dich selbst von ihr getrennt hast, weil du es noch nicht verstanden hattest.

Das Herz hilft uns, unseren Seelenweg zu gehen, es zeigt uns den Weg. Auch wenn wir den Weg vielleicht nicht verstehen, wir können dem Herzen voll vertrauen, und das Herz bringt uns auch unserer Seele näher. Je mehr du deinem göttlichen Plan folgst, je mehr du deinem Herzen folgst, umso näher bist du deiner Seele. Und je näher du deiner Seele bist und je mehr du das ausdrückst und erfährst, was sie möchte, umso glücklicher und erfüllter bist du.

Du musst es mir nicht glauben. Aber probiere es! Versuche, ob das stimmt. Teste es einfach aus. ☺ Du kannst höchstens wachsen und glücklich werden – und das lohnt sich! ☺ Klar, es gibt das ein oder andere Hindernis, das dich von deinem göttlichen Plan abbringen kann, aber auf die gehen wir jetzt gleich ein, damit du sie durchschauen und auflösen kannst. Dann kannst du das machen, wozu du hier bist – und gleichzeitig auch noch glücklich sein dabei. ☺

Die Herausforderung

Die Herausforderung

Um dir die Herausforderungen zu erklären, damit du sie erkennst, müssen wir uns erst anschauen, wie es denn überhaupt geschehen konnte, dass wir aus dem Herzen rutschten?! Denn im Herzen zu sein, ist der natürliche Zustand! ☺ Dem Herzen Raum zu geben und ihm in jeder Minute zu folgen, das ist der natürliche Zustand. Und die Menschen, die das immer noch tun

– sehr gut und natürlich –, das sind … die KINDER! ☺ Genau, als wir noch Kind waren, waren wir ganz natürlich im Herzen, haben gestaunt, waren offen, haben gelacht, gespielt, getanzt und sind einfach unserer Intuition gefolgt. Was dann passiert ist, ist eigentlich ganz simpel: Wir wurden Schritt für Schritt immer ein bisschen mehr von unserem Herzen weggebracht. Wenn wir erwachsen sind, sind das Herz und unsere Intuition zwar immer noch da, aber wir hören nicht mehr auf sie, vertrauen ihnen nicht mehr oder – wenn sie ganz verschüttet sind – nehmen sie gar nicht mehr war.

Und das hat in der Kindheit angefangen, als uns gesagt wurde: »Nein, mach das nicht! Das geht jetzt nicht! Das kannst du nicht haben. Das ist nicht möglich. Hör mal auf! Sei mal anders! Sei mal brav, ruhig, schön, lieb, stark, groß, hart, schneller, besser, sauberer, mutiger …« Mit diesem und ähnlichem destruktiven Blabla haben wir Schritt für Schritt angefangen, nicht mehr wir selbst zu sein. Wir haben stattdessen versucht zu verstehen, was die denn jetzt schon wieder von uns wollen, wir haben uns verdreht, haben kontrolliert und uns angepasst – um eben so zu sein, wie unsere Eltern das wollten oder dachten, dass es das Beste für uns sei.

So sind wir dann immer mehr abgekommen von unserem natürlichen Sein, dem natürlichen Wahrnehmen und Leben, was wir gerade fühlen. Vom Herzen ging es ab nach oben in den Verstand, in den Kopf, wo alles schön ordentlich sortiert, überschaubar und eben so ist, wie »man sein soll«. So konnte man schön alle Moralvorstellungen und die Erwartungen von allen anderen erfüllen – aber nicht die eigenen. Was natürlich totaler Quatsch ist! Denn nur du bist du, und nur du weißt, was du brauchst und was richtig für dich ist. Moralvorstellungen sind Gesetze, die aus dem Verstand entstanden und somit ohne Liebe, ohne Licht und damit ziemlich unnütz sind. Halte dich nie daran, das macht dich nur unglücklich. Nur dein Herz kennt deine Gesetze, und nur die gelten für dich! Klar? Nur die!

Also zusammengefasst: Folgende Dinge hindern dich daran oder blockieren dich, dem Herz zuzuhören und ihm zu folgen:

Dein Verstand

Einer der größeren Herausforderer ist der Verstand. Nicht weil der Verstand dumm ist oder weil er uns im Weg steht, nein. Sondern weil uns nicht richtig beigebracht wurde, wie wir mit ihm umgehen sollen. Uns wurde beigebracht, dass der Verstand das Wichtigste ist. Er ist rational, hat den Überblick, kann alles bewerten, soll alles bewerten, alles berechnen, alles auswendig lernen und er kann sogar denken und Sachen in die Tat umsetzen. Wow. Der kann sogar planen und abschätzen und Geschäfte machen.

Ja, das wurde uns beigebracht. Uns wurde eingebläut, dass das wichtig ist im Leben, dass das zählt im Leben. Schon in der Schule. Freude? Nein, das brauchen wir doch nicht. Das kann der Verstand nämlich auch nicht. Vergnügt sein oder in Liebe sein, fröhlich durchs Leben laufen – nein, das ist auch nicht wichtig. Und dem Lebensplan folgen? So ein Blödsinn. Der Verstand kennt keinen Gott, er ist Gott höchstpersönlich.

Etwa so wurde uns das beigebracht. Aber ich sage euch: Das ist leider nicht die Wahrheit. Das ist sogar ziemlich falsch. Der Verstand ist toll, ja, aber er ist nicht Gott und er ist auch nicht der Boss. Er ist schlichtweg total überfordert mit der Boss-Rolle. Deshalb sind wir ja auch oft gestresst und fangen an zu kontrollieren. Nein, nein, das Herz ist der Boss. Das eigene Herz ist unser Führer, unsere innere Führung, der Chef oder die Chefin. Der Verstand kann gut planen, ja, das stimmt. Aber er braucht das Herz, dann fühlt er sich viel besser und ruhiger und kann auch besser arbeiten. Der Verstand braucht jemanden, der ihm die Richtung zeigt, der sagt, wohin wir laufen sollen und warum.

Du kennst das sicher, diese Diskussionen à la »Ich weiß nicht, was ich machen soll« oder »Ja, soll ich das jetzt tun oder nicht?«. Und dann reden und diskutieren wir oft stundenlang mit unseren Freunden oder gehen zu Beratern, weil wir nicht wissen, welchen Weg wir einschlagen sollen, welche Entscheidung wir treffen sollen. Ich kann dir auch sagen wieso, denn der Verstand ist damit toootaaal überfordert. Der kann das nicht. Der ist nicht mit deiner Seele verbunden, der kennt nicht alle deine Geschichten, der weiß einfach nicht, was dir guttut. Er weiß viel darüber, wie man etwas angehen kann oder wie man es in die Tat umsetzt, wie man plant – und damit kann er dem Herzen zur Seite stehen. Aber entscheiden kann er nicht und die Richtung wählen auch nicht.

Doch das Herz kann es. Wenn du das Herz fragst, wenn du den Mut dazu hast, dann kriegst du zack, zack eine Antwort. Und zwar eine eindeutige. Wenn du die Antwort dann hast, sind keine Zweifel da, ob es stimmt oder nicht. Es könnten dann eher Zweifel aufkommen, ob du das machen willst oder kannst und so weiter. Und entscheiden kann das Herz. Es kennt dich und weiß, wer du bist und was dir guttut. Deshalb ist das Herz der Boss. ☺

Oftmals sind das Herz und der Verstand auch am Streiten oder sauer aufeinander. Und da ist es wichtig, wieder Frieden zu schaffen in dir und zwischen den beiden, sie wieder zu verbinden, damit sie zusammenarbeiten können. Das Herz sagt an, was getan werden soll, und der Verstand hilft, es auszuführen.

Was meistens passiert bei diesen blockierenden Dingen, ist, dass du ihnen erlaubst, dich zu blockieren. Stell dir einen wunderschönen Weg vor, den du vor dir hast, voller Rosenblüten, wunderschön duftend, weich, wie in Watte gehüllt, voller Liebe und voller Freude. Und dann steht vor dir auf dem Weg ein graues Gerüst, das total komplex aussieht und viele »Gesetze« und »Solls« hat. Jetzt hast du die Wahl. Willst du dich von diesem Gerüst von deinem Weg abhalten lassen? Oder steigst du einfach darüber und gehst weiter diesen wunderschönen Weg? Du hast es in der Hand. Du hast die Macht darüber. Es ist dein Leben. Nur du hast das Recht, darüber zu bestimmen. Also lass das Gerüst stehen, das brauchst du wirklich nicht.

Dazu kommt, dass viele Menschen sich mit ihren Gedanken und ihrem ja sooo cleveren Verstand beziehungsweise mit ihrem Kopf identifizieren. Aber nein, du bist nicht dein Kopf. Du bist auch nicht deine Gedanken, die da wie auf einer Autobahn ununterbrochen um deinen Kopf sausen. Nein, das bist du nicht. Dazu kannst du auch die folgende einfache Übung machen, um herauszufinden, ob du diese Gedanken bist oder nicht.

Übung

Setze dich hin und atme tief ein. Atme tief in deinen Bauch und erlaube dir, dich zu entspannen. Lass einfach alles los und atme ... tief ein ... und aus.

Dann schau dir mal die Gedanken an.

Schau sie einmal genau an. Schau, woher sie kommen.

Und bald wirst du sehen, dass sie irgendwie von außen auf deinem Kopf auftreffen oder um deinen Kopf schwirren.

Also: Die kommen von außen.

Erziehung

Erziehung fällt auch unter »Gesetze«, die du irgendwann als Kind einmal abgespeichert hast. Meistens hast du sie einfach von deinen Eltern übernommen oder kopiert, und jetzt glaubst du tief in dir, dass du dich an sie halten musst, weil dich ja sonst niemand lieb hat – oder sonst etwas Komisches.

Also: All diese Gesetze haben dir deine Eltern mitgegeben, aufgedrängt und eingeimpft, weil sie dachten, dass du sie brauchst. Und ja, einige davon waren sicher auch ganz nützlich, um gewisse Dinge wie Essen oder Laufen zu lernen. Aber das kannst du ja nun, oder? Also kannst du diese Gesetze auch loslassen, und wenn dein Herz sagt, dass es im Winter ein Eis essen will ... dann mach's! Auch wenn dann ein Satz kommt wie: »Nein, das geht doch nicht, das ist doch viel zu kalt!« Quatsch! Mach's einfach.

Oft hören wir auch eine innere Stimme, die wie unsere Mutter klingt und Dinge sagt wie: »Hast du schon ...?« / »Du kannst doch nicht …!« / »Mach doch mal!« Wenn du solche Gedanken oder Sätze hörst, sag einfach: »Ja, danke, aber ich lebe jetzt mein Herzleben. ☺ Darin geht es nur nach mir.« Dann schickst du der nörgelnden Stimme in dir Liebe … ☺

Man muss doch ...

Jetzt kommen wir zu den Moralgesetzen und Gesellschaftsnormen und solchem Quatsch. Die fangen meist an mit »Man ...«, oder sie haben irgendwo eines eingebaut. Also, wenn es Gesellschaftsgesetze geben sollte, dann solche wie: »Lebe in der Liebe, folge der Liebe und liebe!« Oder: «Erlaube dir, du selbst zu sein, und lass alle anderen sie selbst sein!« Oder: »Sieh das Gute in dir und das Gute in deinen Mitmenschen!« – Du fühlst, bei all diesen »Geboten« schwingen Frieden und Liebe mit, man fühlt sich wohl dabei und leicht.

Aber viele Gesetze und Glaubenssätze, die wir haben, sind sehr einengend. Da gibt es: »Man muss eben auch mal schlechte Zeiten erleben.« Oder: »Man kann nicht alles haben.« Oder: »Es kann einem nicht immer alles gefallen.« Alles Quatsch. Also spüre immer nach, wie du dich fühlst bei solchen Phrasen. Wenn du dich unwohl fühlst, dann streich das Gesetz direkt aus deinem Leben. Überprüfe immer, ob etwas für dich stimmt, ob es für dich gilt – denn du hast deine eigenen Gesetze. Also nix mit dem allgemeinen »Man« ... Schau, ob es für DICH stimmt. »Man« gibt's nicht. Ich habe ihn noch nie gesehen. Und wenn ich ihn treffen würde, würde ich dem mal so richtig eins auf's Dach geben. Was dem einfällt, solche krummen und doofen Gesetze zu schreiben ... Pha!

Also: Lebe dein Leben! Folge deinen eigenen Gesetzen! Es gibt keine allgemeingültigen Gesetze, die für alle Menschen gelten. Und wenn es welche gibt, dann sind es schöne, befreiende, liebe- und freudvolle, die guttun.

Missverständnisse über die Liebe

Was uns sehr oft hindert, unserem Herzen zu folgen, ist ein Missverständnis über die Liebe. Ach du meine Güte! Manchmal kriege ich echt Schreikrämpfe, dass mir fast die Augen rausfallen, wenn ich gewisse Menschen über Liebe reden höre. Oder wenn ich voll meinem Herzen folge, voll der Liebe folge, denn das Herz ist ja die Liebesquelle und führt total in die und mit der Liebe, und Menschen mir dann sagen: »Also mach das doch mit mehr Liebe! Also Lena, wie kannst du nur so lieblos sein?« Bitte was?! Ich bin gerade Liebe pur! Huiuiuiuiui.

Also diese Erde braucht dringend Erklärungen und Aufklärung über Liebe.

Und weißt du, der Witz ist, dass du ja die Liebe kennst. Tief in deinem Herzen weißt du, was Liebe ist und was nicht. Nur im Außen wird alles gedreht und verwurstelt und umgekehrt und, und, und ... Deshalb schreibe ich jetzt gleich ein ganzes Kapitel über die Liebe! ☺ Also über die Liebe könnte man ja sowieso tausende von Büchern schreiben, da sie ja sooo schön ist. Ich versuche aber, mich kurz zu fassen und nur das Nötigste über sie zu schreiben. Fühle beim Lesen, ob es auch deine Wahrheit ist und ob es passt für dich. Fühle in deinem Herzen, ob das Liebe ist.

Die Liebe

Die Liebe

Liebe. Liebe. Liebe. Fühle die Liebe. Lass die Liebe in dein Leben. Sag ja zu der Liebe. Nimm die Liebe so an, wie sie ist. ☺

Ich möchte kurz etwas über die Liebe sagen, so wie ich sie kenne. Pur und klar, rein und echt, das Echteste, was es auf dieser Erde gibt. Auf dieser Erde gibt es viele Formen von Liebe und leider auch einige schwarze Schafe, die sich »lieb sein« oder »Liebe« nennen und rein gar nichts mit Liebe zu tun haben. Deshalb sage ich erst ganz kurz etwas über die Liebe.

Liebe ist einfach so, wie sie ist. Man kann sie nicht verändern oder erzwingen. Du kannst dich für sie öffnen und ihr erlauben, in deinem Herzen zu fließen, in dein Leben zu fließen, dein Herz zu beglücken. Oder du kannst dich vor der Liebe verschließen, sie aussperren, deine Liebesquelle – dein Herz – verschließen. Oder du sagst einfach ja zur Liebe, so wie sie ist.

Liebe ist klar, sanft, direkt, ehrlich, echt, sie sagt, was sie denkt, sie macht, was sie will, sie tut, was sie fühlt. Liebe will immer das Beste für dich, und wenn ein Nein das Beste ist, sagt die Liebe nein. Wenn ein Hammer das Beste ist für dich, bringt die Liebe dir einen Hammer. Liebe schreckt vor nichts zurück, wenn es das Beste für dich ist. Liebe liebt so sehr, sie liebt und ist bedingungslos. Keine Bedingungen, keine Erwartungen, keine Vorstellungen, keine Gesetze, Liebe fließt einfach. Sie orientiert sich an deinem Herzen, und die Liebe macht dich glücklich. ☺ Liebe hüllt dich ein, hebt dich, lässt dich schweben, sagt und zeigt dir ehrlich die Wahrheit ... und sooo vieles mehr.

Also fühle immer gut hin, was Liebe ist. Liebe fühlt sich öffnend an, klar, rein, ehrlich, warm, wohlig, befreiend. Alles andere ist etwas anderes.

- Liebe ist rein, Liebe ist fein, Liebe will immer bei dir sein.

- Liebe tanzt, Liebe schwebt, Liebe hebt.

- Liebe umarmt, Liebe umhüllt.

- Liebe ist echt, Liebe ist wahr, Liebe ist klar.

Falsche Konzepte über die Liebe

Wie in vielen Bereichen in unserem Leben wird uns – entweder bewusst oder unbewusst – gesagt, wie wir etwas machen sollen, was wir sein sollen und vor allem wie etwas geht oder wie etwas ist. Ganz subtil und unbewusst werden uns falsche Bilder, falsche Konzepte und falsche Einstellungen über die Liebe vermittelt … und wir glauben es dann einfach.

Vor allem bei den Themen Liebe, Liebesbeziehungen und Sexualität gibt es sehr, sehr viele falsche Konzepte, und die meisten passen für die Liebe, so wie sie wirklich ist, gar nicht. Und für unser Herz schon gar nicht. Deshalb möchte ich dir erzählen, was ich entdeckt habe. Denn mein Herz und meine Seele wollen lieben,

lieben, lieben – und zwar so, wie es meinem Herzen guttut, so wie es mir gefällt und so, dass es mich bereichert und mir Freude bringt. ☺

Ich formuliere jetzt einfach der Reihe nach in einem Satz unsere falschen Bilder, damit wir mal sehen, was viele Menschen glauben und für richtig halten.

Liebe ist immer nett.

Absoluter Blödsinn. Liebe ist immer so, wie du sie gerade brauchst. Liebe kann auch ganz ehrlich, ganz direkt sein. Sie sagt und tut das, was gerade nötig ist. Das kann ein hartes und klares Nein sein, das kann direkt und ehrlich sein. Und oft löst die Wahrheit Schmerzen aus, denn die Liebe zeigt dir auch Ungeheiltes, damit du es heilen kannst. Liebe kann ganz schön und lieb und rein und sanft sein. Und sie kann auch klar, direkt und unverblümt sein. Also trau dich, die Liebe so auszudrücken, wie sie gerade gebraucht wird.

♥ ♥ ♥

Sei immer lieb, artig und respektvoll.

Dies wird uns als Kind oft gesagt. Und gemeint ist: »Sei jetzt einfach so, dass wir keinen Stress haben, also sei einfach nicht du selbst, sondern sitze hier ruhig wie ein Stein.« Ich bin aber kein Stein. Ich bin lebendig. Und ja, ich bin Liebe, schon seit meinem ersten Atemzug, sogar schon vorher. Ich bin immer Liebe, auch wenn ich schreie, Angst habe, brülle, wütend bin, ehrlich bin und vor allem dann, wenn ich entgegen deinen Konzepten handele. Genau dann kann es sein, dass ich sogar noch mehr Liebe bin. Denn die Liebe will dich und alle befreien von den Konzepten. ☺ Denn was nützen uns Konzepte? Wir haben alles, was wir brauchen, in unserem Herzen, und wenn wir unseren »Regeln im Herzen« folgen, ist die Welt voller Liebe und Freude. Also sei so, wie du dich fühlst, sei einfach du selbst!

♥ ♥ ♥

Ich kann und soll nur mit einem Menschen eine Liebesbeziehung haben und mich für andere Menschen (des anderen Geschlechts) verschließen.

So wird es uns vermittelt. Ob es dir bewusst ist oder nicht. Und ich sage nur eines: kreuzverkehrt und total falsch. Wie kannst du einen Menschen total lieben und dich allen anderen gegenüber verschließen? Das geht gar nicht. Denn wenn du jemanden liebst, wirklich liebst, dann öffnest du dein Herz. Du öffnest dich und erlaubst der Liebe, in dir zu entstehen und durch dich zu fließen. Und das ist wunderbar. Liebe einfach … Liebe, liebe, liebe! ☺ ♥ Du darfst dich für alle Menschen öffnen, wann immer du möchtest. Du darfst dich für alles, was dir gefällt und bei dem du dich wohlfühlst, öffnen.

Ich meine, wenn du eine Frau bist und einen Partner hast, dann liebst du deinen Vater ja immer noch – und deinen besten Freund liebst du auch noch. Deinen Cousin und deinen Opa liebst du auch noch. Es ist nur so, dass jede Liebe zu jedem Menschen ganz individuell ist – so wie jeder Mensch total individuell ist. Also fühle einfach, wie du die Person liebst und wie du sie lieben möchtest und was du mit ihr teilen magst. Die eine Person willst du vielleicht nur umarmen, eine andere willst du drücken und knuddeln, mit wieder anderen willst du nur reden und andere liebst du so sehr, dass du sie überall küssen möchtest. Erlaube deinem Herzen zu lieben – und zwar alle Menschen, die dein Herz lieben möchte, alle Menschen, mit denen du dich wohlfühlst, die dir gut gesinnt sind. ☺

♥ ♥ ♥

Wenn ich einen Partner habe, dann sollte ich ihn auch heiraten, denn das Heiraten ist sehr wichtig. Ich muss mich auf einen Partner festlegen und fixieren und alles andere aufgeben.

Ja, das kann schon so sein, aber triff diese Entscheidung aus dem Herzen. Wir haben so viele Muster im Kopf, die uns sagen, wie eine Beziehung sein »muss«, wie der Partner sein »muss« – du meine Güte, so viele »So-muss-es-Seins«. Nein, es muss gar nichts. Und in der Liebe schon dreimal nicht. Gehe immer nach deinem Gefühl, immer, immer, immer. Fühle in dein Herz, wie du die Beziehung haben möchtest – wie nah, wie lange, wie tief. Du kannst dich festlegen auf einen Partner, aber erlaube dir auch immer, frei zu sein und frei zu bleiben. Erlaube dir auch, dich ganz tief auf deinen Partner einzulassen und dich tief mit ihm zu verbinden und ihm ein tiefes Ja zu geben. Das Universum ist sooo groß, es ist einfach erlaubt zu lieben – und so viel ist möglich.

Mein Partner muss treu sein, mich immer lieben, immer für mich da sein, mich glücklich machen, mich sexuell befriedigen ...

Weißt du, in einer Partnerschaft ist es sowieso mit am wichtigsten, dass dein Partner seinen Weg gehen kann, den Weg, den seine Seele ausgesucht hat. Und diesen Weg kennt das Herz, die Seele, die Engel kennen ihn. Wenn du deinen Partner wirklich, wirklich liebst, dann erlaubst du ihm, einfach er selbst zu sein.

Du erlaubst ihm, seinen ganz persönlichen Weg zu gehen. Die Liebe stellt sich ihm nicht in den Weg. Wenn es für den Partner wichtig ist, eine Zeit lang alleine oder auch ohne dich zu sein, wird das Leben es so einrichten. Wehre dich nicht dagegen, sondern heile dann den Schmerz in dir, der in dieser Situation hochkommt. Wenn es für den Partner wichtig ist, eine andere Person zu lieben, dann erlaube ihm das, fühle, wie es für dich passt, und bitte auch deinen Partner zu fühlen, wie es für ihn passt. Liebe dich selbst und gib dir das, was du dir von deinem Partner wünschst.

Wir haben eine offene Beziehung, ich will frei sein und freie Liebe leben.

Das ist ja schön, dass du frei sein willst. Aber was heißt denn »offene Beziehung«? Also was ich meistens gesehen und erlebt habe, ist, dass sich die Menschen entweder schwertun, sich wirklich einzulassen, oder einfach von den ganzen Beziehungsmustern, wie es sein soll, genug haben. Aber ich denke, eine offene Beziehung ist nicht die Lösung. In einer Beziehung geht es darum, dich zu öffnen, dich einzulassen, durch alle Schmerzen und Verletzungen hindurchzugehen und die Ego-Spielchen zu durchschauen. Und viele verfallen dann in das sich nur oberflächliche Aufeinander-Einlassen mit der Ausrede »Ich will frei sein«.

Ich sage dir eines: Liebe und Verbundenheit machen dich total frei. Das, was dich einengt, sind Konzepte, der Verstand, Erwartungen – oder wenn man sich den eigenen Schmerzen und Themen nicht stellt. Wenn du den Mut hast, dich einzulassen und durch die Schmerzen zu gehen, die dir begegnen können, wirst du sehr frei sein.

Freie Liebe klingt sowieso sehr, sehr komisch, wie ein »weißer Schimmel«, denn Liebe ist frei. Liebe ist wie Lust, die einfach fließt, wie sie eben fließt. Liebe befreit dich ... Wahre Verbundenheit zwischen zwei Menschen befreit dich, und danach suchen wir ja alle. Also traue dich, dich einzulassen, und fühle, wie dein Herz genau das möchte. ☺

Der andere muss mir Liebe geben.

Na ja, muss er/sie gar nicht. Niemand muss etwas – und mit dem Müssen geht in der Liebe sowieso fast gar nichts. Liebe ist einfach da. Sie fließt in dir, sie fließt um dich herum, sie fließt und schwebt über dir und unter dir. Es liegt an dir zu entscheiden, wie viel davon und in welcher Art du sie in deinem Leben haben möchtest. Je mehr du dich öffnest, je mehr du dich heilst, je mehr du echt und einfach willst, desto mehr Liebe wird in deinem Leben sein. Erlaube der Liebe, mit dir zu sein. Öffne der Liebe die Tür zu deinem Herzen. Lade die Liebe zu Tee und Kuchen ein. Sag ja dazu, dass die Liebe deine Wunden berühren und heilen darf. Liebe ist sooo wunderbar.

Es gibt den einen, nur den einen Partner für mich – und auf den warte ich.

Na ja, das ist eine sehr romantisch-dramatische Einstellung. Wenn ich das so lese oder höre – und so etwas findet man ja in fast allen Filmen und Romanen –, dann schmerzt das irgendwie und klingt nach Leiden, nach Aufopferung und nach Drama. Ich meine, es stimmt so weit, da sich viele Seelen einen Partner gewählt haben, um gewisse Dinge gemeinsam zu erfahren. Aber das heißt nicht, dass man ständig und nur auf ihn warten sollte; das heißt nicht, dass es dann nur noch den einen gibt; das heißt nicht, dass derjenige uns dann glücklich macht. Nein. Die Liebe ist so etwas Großes, so etwas Wunderbares – wir sollten sie nicht beschränken. Vielleicht hast du dir den einen Partner ausgewählt, ja. Vielleicht aber auch nicht. Vielleicht musst du aber erst mit anderen lieben üben, bevor du den Auserwählten treffen kannst. Und jeder Mensch, der in deinem Leben ist, wurde sowieso bewusst von dir gewählt. Also verpasse keine Chance zu lieben. Wenn du in deinem Herzen fühlst, dass du lieben möchtest, dann tu es. ☺ Sag ja zur Liebe.

Viele Menschen tun sich extrem schwer, einen Partner zu finden oder sich auf eine Beziehung einzulassen, weil sie so viele Erwartungen und Vorstellungen haben, wie ihr Partner sein soll. Dabei kannst du einfach vertrauen. Das Leben, die Liebe, dein Herz bringen dir immer den richtigen Partner in dein Leben. Wenn du Liebe fühlst für einen Menschen, liebe ihn einfach. Egal, was all deine Vorstellungen und Konzepte sagen. Die Liebe zeigt dir immer den richtigen Weg. ☺

Die Liebe will, dass du jeden Tag genießt, dass du lebendig bist, voller Freude und Liebe. Ja, manchmal will die Liebe auch warten, aber sich opfern … nicht wirklich. Wenn du dazu neigst, würde ich das gut untersuchen in dir, wie weit das für dich und dein Herz stimmt.

Das Herz heilen

Das Herz heilen

Durch das Herz oder über das Herz kommunizieren wir auch mit unseren Mitmenschen, vor allem als Baby. Da wir als Baby die menschliche Wort-Sprache noch nicht kennen, verständigen wir uns mit der Mutter meistens über das Herz. Das Herz ist auch das Tor oder der Ort, von dem aus wir uns am meisten mit Menschen verbinden – sei es mit dem Partner, den wir lieben, oder auch mit anderen Menschen. Und es ist eigentlich relativ simpel: Wenn wir eine Person mögen und ihr vertrauen, dann öffnen wir unser Herz und lassen sie an uns heran. Wenn wir der Person oder dem Leben nicht mehr vertrauen oder wenn unser Herz verletzt ist, fällt es uns jedoch schwerer, uns zu öffnen, oder wir tun es gar nicht. Entweder aufgrund von Enttäuschungen mit Menschen in diesem oder auch in früheren Leben, aus Angst, wieder verletzt zu werden, aus Stolz, weil man sich nicht verletzlich zeigen möchte, oder aus Trotz, weil irgendetwas oder irgendwer nicht so ist, wie wir das möchten. Jede Person – oder besser: jedes Ego – hat daneben aber noch viiiiiele weitere Gründe gesammelt durch alle Inkarnationen und alle Leben hindurch.

Meistens läuft es so ab, dass wir uns als Seele eine bestimmte Erfahrung oder Mission aussuchen, meistens sind es mehrere, die miteinander verknüpft sind. Und um dies zu erfahren, suchen wir uns dann bestimmte Erfahrungen aus hier auf Erden, die wir erleben wollen – oft auch solche, die sich auf irdischer Ebene schmerzvoll anfühlen. Und um diese Erlebnisse haben zu können, suchen wir uns dann noch passende Seelen, die uns als Mensch helfen, bestimmte Erfahrungen zu machen. Meistens ist es dann so, dass wir im menschlichen Dasein in die Opferrolle fallen (»Der hat mich verletzt!« / »Das war so schlimm, dass er/sie ...« / »Wie konnte sie nur?!«) und die Seele beziehungsweise den Menschen, der uns ja hilft, zum Täter machen. Das ist ganz normal, so sind wir nun mal.

Wir haben dann also diese irdisch schmerzvolle Erfahrung gemacht, meistens in der frühen Kindheit. Was dann passiert, ist, dass sie sich entweder im Laufe der Zeit wiederholt und dass dir dieser Schmerz wieder gezeigt wird. Vielleicht mit deinem Partner, der dir am nächsten steht, der dein bester Freund ist, der dir hilft, solche Sachen zu lösen. Und damit du es lösen kannst, musst du es erst sehen, also »verletzt« er dich oder erinnert dich an die Verletzung. Wenn du dann die Erfahrung siehst, durch die Schmerzen und Ängste gehst und eben an den Punkt kommst, an dem du in das Opfer-Täter-Denken zu fallen drohst, kannst du dich selbst beobachten und dich fragen: »Wieso habe ich mir diese Erfahrung kreiert?« Meistens siehst du dann, dass du in früheren Leben etwas Ähnliches erfahren hast, und du siehst, was du lernen wolltest.

So heilst du dein Herz – wenn du in diese schmerzvollen Erfahrungen gehst und sie gründlich heilst. Dann kannst du wieder mehr vertrauen – dir, dem Leben, deinen Mitmenschen und so weiter. Dann kannst du dir auch wieder erlauben, dein Herz mehr zu öffnen, mehr zu leben, mehr zu lieben, dich mehr hinzugeben – dem Leben und der Liebe. Und das ist einfach wunderschöööön. ☺

Die meisten Verletzungen des Herzens entstehen durch oder zeigen sich mit Menschen, weswegen sich viele innerlich einkapseln, sie verschließen ihr Herz, isolieren sich oder werden total oberflächlich und lassen niemanden mehr an sich ran. Und dann fängt es an, dass man sich einsam fühlt, alleine, lustlos, freudlos, öde ... Um dies nicht zu fühlen oder um andere »Freuden« zu finden, versucht man, sie sich im Außen zu holen – sei es über Süchte wie Arbeitssucht, Partnersucht, Schokoladensucht, Kaffeesucht, Zigarettensucht, Computersucht und so weiter. Wenn wir uns aber wieder nach innen richten, eine Beziehung aufbauen zu unserem Herzen und es heilen, dann können wir wieder geben. Sobald wir jemandem etwas geben – wenn wir echt geben –, öffnen wir uns und lassen unsere Liebe durch uns zum anderen fließen. Deshalb ist das Lieben sooo heilsam ... Weil wir uns dann öffnen und Liebe durch uns fließen lassen. Also liebe viiiel! ☺

Was natürlich auch dazugehört, ist, dass wir unsere Mitmenschen, Partner, Freunde mit dem Herzen auswählen, denn gaaanz viele Verletzungen (und Unfreude) entstehen, weil wir uns mit unpassenden Menschen umgeben. Wir wurden geschult, alles mit dem Verstand zu betrachten und zu entscheiden. Dinge wie »Mein Partner soll gut aussehen, und meine Freunde müssen Geld haben« sind alles Verstandesgründe. Aber frage mal dein Herz oder fühle mal mit deinem Herzen, wen du wirklich in deinem Leben haben willst und wer dir guttut – also dir als Seele, nicht dir als Ego. ☺

Falls du dein Herz noch mehr heilen oder befreien magst, biete ich Beratungen dazu an. Auf meiner Homepage *www.lena.ch* gibt es auch Online-Seminare, die dir dabei helfen können, sowie Vorträge und Seminare, die ich anbiete.

Wie ich meinem Herzen folge

Wie ich meinem Herzen folge

Ich habe schon als Kind gemerkt, dass etwas in mir immer recht hat. Ein Gefühl oder ein Stimme in mir, die wusste einfach alles. Und ich habe auch gemerkt, dass diese Stimme mehr wusste als meine Eltern. Und das fand ich damals sehr komisch, weil als Kind sind die Eltern ja wie Götter. Diese Stimme in mir hat mich auch nie angelogen – was ich von den Menschen nicht behaupten kann. Die haben oft etwas gesagt, etwas anderes gemeint und dann noch etwas anderes gemacht, womit ich dann dachte: ›Ja hallo, was ist denn da los?!‹ Mein Herz, also diese innere Stimme, war aber immer klar, immer eindeutig und das, was sie sagte, hat immer gestimmt.

Ein Beispiel: Als ich etwa acht Jahre alt war, fühlte ich am Morgen: ›Oh, ich glaube, ich werde krank, mein Körper braucht wohl Ruhe.‹ Da ging ich zu meiner Mutter und sagte ihr, dass ich heute nicht in die Schule gehe, weil ich fühle, dass ich krank werde. Sie hat daraufhin nur meine Stirn angefasst und gesagt: »Nein, du bist nicht krank, geh in die Schule.« Ich war ganz erstaunt! Und ich fragte mich, ob sie das denn nicht fühlt. Ob sie denn nicht fühlt, dass ich jetzt krank werde. Das fand ich sehr komisch, ging dann aber eben in die Schule. Kaum war ich zwei Stunden dort, wurde ich krank und musste nach Hause – und ich wusste: Ja, ich habe genau richtig gefühlt, das Gefühl in mir war richtig und meine Mutter hat das nicht gefühlt. Solche Situationen gab es viele, in denen ich dann mir selbst gesagt habe: »Also das Gefühl ist immer richtig, dem kann ich vertrauen. Was die Menschen sagen – na ja, das ist eine andere Geschichte.«

Ich war dann auch oft in der Natur, und die ist auch ehrlich. Die sagt, was sie denkt, und ist, was sie ist – genau wie die Tiere. Als ich etwa 15 war, habe ich dann bewusst angefangen, mit Tieren zu reden – und die waren ehrlich. Sie haben gesagt, was sie fühlten, und waren direkt. Wenn sie keine Lust hatten, hatten sie eben keine Lust. Und sie sagten einfach ehrlich, klar und ohne Umschweife, was Sache war. Da wusste ich: Ja, mein Gefühl stimmt, die Natur und die Tiere sind auch so. ☺

Also habe ich mir gesagt, ich folge dieser Stimme, denn die stimmt immer, der kann ich voll vertrauen. Das, was die Menschen, Lehrer und so weiter gesagt haben, habe ich zwar angenommen, aber nicht sehr ernst genommen. Es war ganz einfach ihre Meinung. Wenn etwas wichtig für mich war, habe ich es erst mit meinem Gefühl geprüft, ob es wirklich stimmt – aber oftmals habe ich gefühlt, dass das überhaupt nicht der Fall war. Weiter gestört hat mich das allerdings nicht, denn mir war einfach wichtig, dass es mir gut geht, und so habe ich auf mein Gefühl gehört. Und mein Gefühl sagte mir, ich muss jetzt einfach durch diese Schulzeit durch, danach kann ich etwas anderes machen. Also versuchte ich einfach, so gut es ging, ich selbst zu sein, diesem Gefühl zu folgen und ihm treu zu sein.

Wenn dann etwas von mir verlangt wurde in der Schule oder von den Eltern, was für mein Gefühl gaaar nicht gepasst hat, habe ich es einfach nicht gemacht. Ich habe es aber clever angestellt und eine super Ausrede erfunden oder es einfach energetisch verdreht ... Hihi ☺ Das Gefühl gab mir dann auch immer Ideen ein, wie ich unangenehme Dinge umgehen und es dann doch so ausschauen lassen konnte, als ob ich es machen würde ... Hihi ☺ Alles ist möglich. Meine Mitschüler waren dann oft sauer, weil ich mich drücken konnte und sie nicht ... Hihi. Man muss eben wissen, wie – und es mit Liebe machen. ☺ Wenn du daran glaubst, dass es geht, und daran glaubst, dass es erlaubt ist, und es dann mit Liebe machst, klappt alles. Alles ist möglich. Das Herz kennt Wege, die können wir uns gar nicht vorstellen.

Ja, so verlief mein Leben. Ich wusste, dass dieses Gefühl immer da war, mich immer führt und mir alles erklärt. Ich war auch meistens zufrieden und einfach im Reinen mit mir. Ich hatte zwar oft Stress mit Lehrern, Schülern oder Eltern, aber das geht ja wieder vorbei.

Also besser gesagt: Sie hatten Stress mit mir, weil ich eben auf mein Gefühl gehört habe und nicht auf ihre Konzepte und Regeln ... Hihi. Ich meine, was habe ich denn bitte davon, wenn ich ihre Konzepte erfülle? Gar nix. Doch ich habe etwas: einen Konflikt mit mir selbst. Nein danke. Ich liebe mich sehr, ich liebe es, im Frieden mit mir zu sein. Wenn ich im Konflikt mit anderen Menschen bin, kann ich in mein Zimmer gehen und die Tür zumachen. Aber wo gehe ich hin, wenn ich mit mir im Konflikt bin? Ich kann ja nicht vor mir weglaufen. Also ich könnte schon, aber das macht mich unglücklich und das will ich ja nicht.

So ging ich durchs Leben, und in vielen Situationen habe ich mich gefragt: Was sagt mein Inneres? Was sagt mein Gefühl? Was sagt mein Herz? Stimmt das für mich? Und dann habe ich es einfach gemacht. So habe ich dann Abitur gemacht, und danach war ich frei. Ich konnte alles tun, was ich wollte. ☺ Da freute ich mich sehr. ☺ Und ich habe dann einfach alles gemacht, was ich schon immer mal tun wollte: auf der Bühne mein Lieblingslied gesungen, an einer Misswahl teilgenommen, die Hauptrolle im Dorftheater gespielt, ich bin gereist, habe andere Indigo- und Kristallkinder getroffen, mein erstes Buch *Wir Kristallkinder* geschrieben, viele Vorträge gehalten, Seminare gegeben, Beratungen gegeben, geliebt, viel geliebt, viel gelacht, viel geweint, viel geheilt, wunderbare Menschen kennengelernt, ich bin ausgewandert, habe gesungen, Musik gemacht, eine Schule gegründet, gemalt, viel gelernt, viel gesehen, bin noch mehr ich selbst geworden, der Film *Lenas Welt* wurde über mich gedreht … Und in jedem Moment habe ich gefühlt: Okay, was steht jetzt an, wo geht es jetzt hin? Und dann habe ich es gemacht. Im Moment ist es mein Herzenswunsch, den Menschen ihr Herz zu zeigen, sie mit ihrem Kompass zu verbinden, daher schreibe ich dieses Buch. Neuerdings gebe ich auch eine Herztraumberatung, mit der die Menschen ihrem Herzen näher kommen können.

Ich mache alles, solange es mir Spaß macht, und wenn ich fühle oder meine Engel mir sagen, dass es nicht mehr passt, dann lasse ich es einfach wieder los. Immer in der Liebe zu mir selbst. Klar gibt es immer Herausforderungen und Schwierigkeiten, aber an die denkt man ja nicht, wenn man zurückschaut. Ich sehe lieber, was ich gelernt habe, woran ich gewachsen bin oder wieso ich mir etwas genau so kreiert habe. ☺

Aus dem Wunsch, den Menschen die Liebe näherzubringen, ist auch meine Homepage *www.lena.ch* entstanden, als ich 20 war. Ich wollte einfach sagen, was ich fühle, und die Menschen glücklich machen. ☺ Deshalb gebe ich auch Seminare und Vorträge, um mein Wissen und meine Erfahrung weiterzugeben. Denn was mir hilft, kann auch vielen anderen helfen. ☺ Auf meiner Homepage gibt es auch Online-Seminare, die du bequem von zu Hause aus machen kannst, zum Beispiel das Seminar »Liebe dein Herz«. Es kann dir helfen, dein Herz noch besser zu fühlen. ☺ In meinem Online-Kino findest du daneben eine Liebesmeditation, die dich in die Liebe führt. ☺

Ich erlaube meinem Herzen, mich zu führen, ich fühle es oft am Tag und frage es einfach, was es tun möchte. Ich folge meinen Wünschen und Träumen und realisiere sie einfach. Manchmal brauche ich mehr Mut oder ein bisschen Zeit, bis ich mich traue, einen Wunsch zu leben oder mir einen Traum zu verwirklichen, aber ich weiß, es lohnt sich immer. Und oft werde ich einfach in mein Glück geschubst … ☺ Manchmal ist es zugegeben schon crazy, was mein Herz möchte, aber ich stelle mich dann der Herausforderung und mache es einfach – und am Ende habe ich immer ein Lächeln im Gesicht. Einfach weil ich mich so freue, dass ich es getan habe und weil mein Herz dann einfach smilt. Und in diesem Moment vergisst man alles, was vorher war. Du bist dann nur eins mit deinem Herzen und smilst. ☺

Ausklang

Ich danke dir, dass du dieses Buch genossen hast. ☺ Es ist ein Riesentraum von mir, dass die Menschen in ihrem Herzen sind und dass die Welt voller Liebe ist – und du hast jetzt etwas dazu beigetragen. Danke! ☺

Wisse, dass die Liebe immer da ist und dass du unendlich geliebt bist!

Die Liebe ist *immer* bei dir und will dich *immer* lieben. ☺

Erlaube der Liebe, dich zu lieben!

Ich wünsche dir, dass du immer auf dein Herz hörst, dass du immer den Mut hast und ihm folgst.

Ich wünsche dir, dass du der glücklichste Mensch auf Erden bist.

Ich wünsche dir, dass dein Leben voller Liebe ist. ☺

Ich wünsche dir, dass du jeden Tag aus vollem Herzen liebst.

Ich wünsche dir, dass du jeden Tag ein Smile im Gesicht hast. ☺ ☺ ☺ ☺

Danke.

Liebe Grüße

Lena

Über die Autorin

Lena ist 1986 auf die Erde gekommen und eines der ersten Kristallkinder. Sie hat die öffentliche Schule besucht und mit dem Abitur abgeschlossen. Mit 17 Jahren hat sie bewusst angefangen, mit Tieren und Engeln zu reden, und ihre Spiritualität entdeckt. Dann mit 19 Jahren hat sie sich erinnert, wer sie ist, woher sie kommt und weshalb sie auf der Erde ist. Sie hat sich entschieden, glücklich zu sein und ihre Lebensaufgabe zu erfüllen anstatt eine konventionelle Ausbildung zu absolvieren. Im Alter von 22 Jahren erschien ihr erstes Buch »Wir Kristallkinder«, in dem sie über ihre geistige Heimat berichtet, über ihre Wahrnehmungen und worin sie erklärt, wie Kristallkinder sind. Heute gibt Lena ihr Wissen und ihre Liebe in Vorträgen und Seminaren weiter und lehrt die Menschen, glücklich zu sein und in Liebe und in Frieden zu leben. Sie sagt von sich selbst: »Ich bin hier um die Menschen an die Liebe und die Freude zu erinnern, welche wir in jedem Moment genießen können.«

Mehr Infos über Lena und ihre Tätigkeiten:

www.lena.ch
www.facebook.com/lenagiger8
www.twitter.com/lenagiger
www.youtube.com/lenagiger

168 Seiten, broschiert,
2-farbig
ISBN 978-3-89845-260-1
€ [D] 11,90

Lena

Wir Kristallkinder

Liebe, Vertrauen und Wahrheit

Lena ist das erste Kristallkind, das seine Geschichte niedergeschrieben hat: »Mein Leben ist für meine Kristallkollegen wie eine Fernseh-Soap. Sie finden es obermegasuperspannend, dass ich hier auf der Erde bin; sie finden die ganze Erde sehr spannend – ich übrigens auch!« Ohne sich um herkömmliches Standarddenken zu kümmern, schreibt sie über das wahre Wesen der Kristallkinder, ihr Denken und Fühlen, ihre Schwierigkeiten, auf der Erde zu leben, und ihre Erinnerung an den Kristallplaneten. Präzise Antworten auf offene Fragen sowie wertvolle Hinweise zu grundlegenden Besonderheiten dieser Kinder vervollständigen dieses bemerkenswerte Buch.

176 Seiten, 2-farbig,
Klappenbroschur
ISBN 978-3-89845-500-8
€ [D] 12,95

Lena

Immer frisch verliebt

Für eine glückliche Beziehung voller Nähe

In Beziehungen geht es um Liebe, um Spaß um Freiheit, um Nähe – und das sollte einfach sein und vor allem individuell. Daher hat Lena einen Wegweiser geschrieben, wie du eine auf dich abgestimmte Beziehung voller Nähe erschaffen kannst. Sie gibt kein Schema F vor, sondern sie erklärt, wie du mit dem Herzen liebst. Sie zeigt dir, wie du Liebe kreierst, aus Normen aussteigst, Distanz und Streit in einer Beziehung vermeidest, mehr Nähe erlebst und wie du das Zusammensein mit dem Partner einfach genießen kannst.
Entdecke, so zu lieben wie du lieben willst und glücklich zu sein in deiner Beziehung!

232 Seiten, broschiert, mit abgerundeten Ecken
ISBN 978-3-89845-565-7
€ [D] 11,00

David Earl Platts & Eileen Caddy

Entscheidungen fürs Leben

Ehrlich, offen und liebevoll

Die Weichen fürs Leben neu stellen
Wir müssen jeden Tag unzählige Entscheidungen treffen. Aber was ist mit den wirklich wichtigen? Mit denen, die darüber entscheiden, ob wir glücklich sind oder unzufrieden? Wenn wir ehrlich sind ... Meist geht anderes vor.
Die Autoren lenken den Blick zurück auf die wesentlichen Fragen im Leben und zeigen eindrücklich, dass jedes Problem mit der richtigen Entscheidung aufgelöst werden kann. Dazu bieten sie Übungen, um sich für ein freies, selbstbestimmtes Leben zu entscheiden. Kurz: Sie helfen dabei, künftig ehrliche und richtige Entscheidungen fürs Leben zu treffen.

120 Seiten, 2-farbig, broschiert
ISBN 978-3-89845-452-0
€ [D] 12,95

Silke Gramer-Rottler

Was uns alle trägt

Die Kraft des Urvertrauens in einer reizüberfluteten Welt

Unser Alltag ist geprägt durch das ständige Streben nach materiellen Gütern, Vergleichbarkeit und Perfektionismus. Wir leben in einer Gesellschaft, in der Gemeinschaftssinn und Solidarität verloren gegangen sind, und in der stattdessen Ignoranz und Ängste unseren Alltag bestimmen.
Silke Gramer-Rottler zeigt uns, wie wir zurückfinden können zur berühmten Leichtigkeit des Seins. Sie erklärt uns, wie wir in unserem Leben wieder Raum schaffen können für die wesentlichen Dinge und wie dadurch die ganzen Unsicherheiten des Alltags verschwinden.

336 Seiten, 2-farbig,
inkl. Fragefinder, broschiert
ISBN 978-3-89845-570-1
€ [D] 19,95

Miriam Oberstaller & Helene Sarah Gruber

Ein Geschenk des Himmels für dich und mich

Die wesentlichen Fragen an das Leben

Die Schnelllebigkeit unserer Zeit und immer neue Aufgaben konfrontieren viele jeden Tag mit neuen Herausforderungen und immer wieder auftauchenden Fragen.

Die drängendsten Fragen an das Leben haben zahlreiche Menschen für dieses Buch gesammelt, und die geistige Welt hat jede einzelne davon liebevoll beantwortet ... Einfühlsam, berührend und mit viel Humor führt die geistige Welt durch dieses Buch und schenkt in ihren Antworten Kraft und Segen. Dieses Buch möchte Menschen wieder zur Einfachheit führen, in die Selbstermächtigung und Selbstliebe.

128 Seiten, broschiert,
durchgehend farbig
ISBN 978-3-89845-448-3
€ [D] 14,95

Micha Steinhauer

Deine Reise zum inneren Kind

Das wunder-volle Leben entdecken

In diesem poetischen und wunderschön illustrierten Buch macht sich Micha Steinhauer auf die Spuren unserer Kindheit und betrachtet die Welt aus der Sicht des Herzens, aus der Sicht der Kinder, bevor sie von der Erwachsenenwelt verfremdet wird. Wir alle haben die Welt einmal so gesehen, und Micha Steinhauer hilft uns, uns wieder an dieses Wunder zu erinnern. Er zeigt uns, wie wir über unsere Ängste hinauswachsen und uns für die Liebe entscheiden können. Wenn die Welt wieder mit den Augen der Kinder sehen, entdecken wir, wie wunder-voll das Leben sein kann!

224 Seiten, 2-farbig, broschiert
ISBN 978-3-89845-537-4
€ [D] 14,95

Camilla Tersmeden

Leb dein Leben bunter!

Sei fröhlich, leicht und wunderbar

Jede Zeile in diesem Buch animiert dazu, mehr Freude im Leben zu haben. Es ist ein Aufruf zu mehr Lebensfreude, zu Leichtigkeit, Ruhe, Muße und Vergnüglichkeit. Camilla Tersmeden lässt uns eintauchen in die magische und äußerst bunte Welt der Feen, Engel und Elohim. Diese wunderbaren Helfer zeigen uns, dass das Leben eine Spielwiese ist und es an uns selbst ist, uns das Beste herauszupicken. Dass wir das Recht haben, unsere Träume zu leben, Grenzen zu überschreiten und den Himmel auf Erden zu leben.
Entdecke daher jetzt, wie du jeden Tag mehr und mehr mit Freude, leichter und bunter leben kannst!

88 Seiten, gebunden
ISBN 978-3-89845-531-2
€ [D] 9,95

Alira Fay

Bewusst malen – Yoga-Göttinnen

Gönnen Sie sich eine kreative Ruhepause im Alltag. 36 wunderschöne Yoga-Göttinnen laden in diesem zauberhaften Ausmalbuch zum Kolorieren und zum Kreativwerden ein. Jedes Bild wird von einem kleinen inspirativen Spruch begleitet. Eine Hommage an die Weiblichkeit – denn in jeder Frau steckt eine Göttin!
Begeben Sie sich auf die Entdeckungsreise zu Ihrer eigenen Weiblichkeit und erwecken Sie durch den wohltuenden Zauber des Ausmalens die Göttin auch in Ihnen selbst. Seien Sie verspielt und kreativ! Lassen Sie Ihr Herz kommunizieren und Ihre Farben blühen. Sie werden überrascht sein, was das alles auslösen kann ...